L'ÉGLISE

OU

LA SOCIÉTÉ A LAQUELLE IL FAUT NÉCESSAIREMENT APPARTENIR POUR ÊTRE SAUVÉ

PAR

Monseigneur F.-L.-M. MAUPIED

Théologien au concile du Vatican,
Camérier de Sa Sainteté Pie IX, docteur en théologie et en droit canonique
de l'Université Romaine, docteur ès sciences de l'Académie de Paris,
ancien professeur à la Sorbonne, etc., etc.
recteur de Saint-Martin de Lamballe (Côtes-du-Nord).

BIBLIOTHÈQUE DE TOUT LE MONDE

Fondateur : M. Augustin BOISLEUX

Pour la France : à TOURCOING (Nord)
Pour la Belgique : à MOUSCRON

Droits de traduction et de reproduction réservés.

Nous soumettons ce petit écrit, comme tous nos autres travaux, au jugement infaillible du souverain Pontife, et nous y souscrivons à l'avance.

F.-L.-M. MAUPIED.

L'ÉGLISE

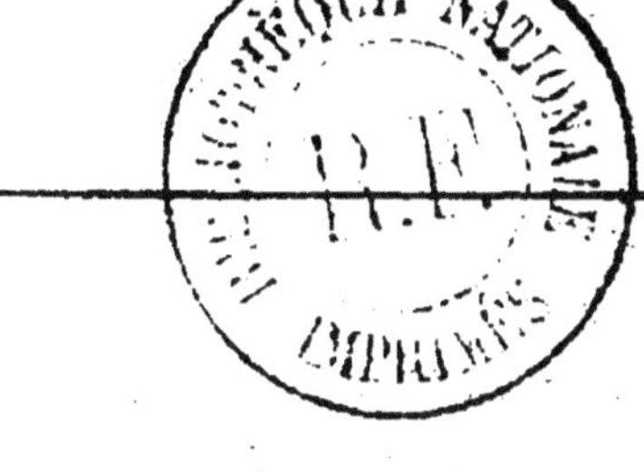

D. D'où venez-vous ? — *R.* Nous sommes la créature de Dieu qui nous a tirés du néant.

D. Qu'êtes-vous? — *R.* Nous sommes faits à l'image et à la ressemblance de Dieu.

D. Où allez-vous? — *R.* Nous allons à une vie éternellement heureuse ou malheureuse.

On va à la vie éternellement heureuse par l'Église et dans la seule Église, qui est la société des hommes avec Dieu, commençant sur la terre pour durer éternellement dans le ciel.

On va à la vie éternellement malheureuse par la secte antichrétienne, qui est l'association dont Satan est le séducteur et le chef; cette association se déguise sous une multitude de noms divers, tels que pharisaïsme, manichéisme, franc-maçonnerie, illuminisme, carbonarisme, spiritisme, etc., etc.

C'est une grave erreur de penser et de croire qu'on puisse vivre en dehors de ces deux sociétés;

on est nécessairement de l'une ou de l'autre. Depuis que le monde existe, nul n'a pu échapper au surnaturel divin ou au surhumain satanique. Sans même y être officiellement affilié, chacun par ses œuvres vit ou meurt inévitablement sous l'influence de l'une ou de l'autre ; et cette influence détermine et fixe le sort éternel de tout homme.

Puisque l'Église du ciel est la même que celle de la terre, il est nécessaire de connaître celle-ci et d'en être membre pour participer au bonheur éternel de celle-là.

D. Qu'est-ce donc que l'Église militante sur la terre ? — *R.* L'Église est la société divine-humaine, visible et perpétuelle, de tous les hommes croyants et baptisés, sous un seul chef, Jésus-Christ dans le ciel, et le Pontife romain, son vicaire, sur la terre ; gouvernés principalement par ce Pontife et, sous son autorité, par les pasteurs légitimes ; unis entre eux principalement par la profession d'une même foi, et secondairement par la participation aux mêmes sacrements et par la pratique des mêmes commandements de Dieu et de l'Église, pour arriver à la béatitude éternelle.

D. Expliquez chacun des termes de cette définition. — *R.* 1º L'Église, société parfaite par excellence, est la famille dont Dieu est le père et le créateur ; Jésus-Christ créateur et rédempteur, régénère perpétuellement toute son Église, il engendre spirituellement dans le baptême, vivifie et fait croître en grâces par les autres sacrements tous et chacun des chrétiens, qui deviennent ainsi et sont les enfants de Dieu et de l'Église, les fils du Roi.

L'Église est non-seulement le royaume de Jésus-Christ, sa famille, elle est plus que cela : elle est son corps mystique; il en est la tête, l'âme et la vie ; tous les chrétiens sont membres de ce corps admirable. Jésus-Christ, comme la tête dans le corps humain, répand la vie et l'action dans tous les membres qu'il vivifie et régit. — Nous sommes plus que des frères, nous sommes les membres d'un même corps, et Jésus-Christ est notre tête. C'est ce corps complet, formé de Jésus-Christ et de nous tous chrétiens, qui est et qui s'appelle l'Église, et qui constitue la plénitude du Christ (Éphes. iv, 11-16; Coloss. i, 18, 19; ii, 10, 17-19; iii, 15, 16).

C'est du ciel que Jésus-Christ régit et attire à lui tous les membres de son corps; mais c'est par sa doctrine divine et par ses sacrements qu'il les engendre, qu'il se les incorpore, qu'il les vivifie, les fait croître, leur donne l'action divine et tous les mouvements de sa propre vie.

Jésus-Christ produit tous ces grands effets dans son Église par lui-même d'abord, puis continuellement par son Saint-Esprit, qui est l'âme du corps de l'Église. Mais comme le Père, le Fils et le Saint-Esprit sont un seul et même Dieu, ils habitent dans l'Église et dans tous les chrétiens vivants de la grâce sanctifiante et de la charité; ces chrétiens sont les tabernacles vivants de la très-sainte Trinité, qui agit en eux par le Saint-Esprit.

D. Oui, je comprends que l'Église est la plus excellente et la plus parfaite des sociétés : elle a Dieu pour père, pour créateur, pour chef; elle a un but divin : le bonheur de Dieu même offert à tous ses membres; elle a des moyens divins pour y arriver, les sacrements et la coopération du Saint-Esprit; elle est donc la société divine par tout cela, et elle est humaine puisque tous les hommes en sont les sujets, mais comment est-elle visible?

R. Cette Église, avec son chef visible, le pape ; avec ses évêques et ses prêtres ; avec sa doctrine de foi, sa morale et ses sacrements, son culte et ses lois, sanctifiant les individus, les familles et les nations, existe de fait, et il est aussi impossible de la nier, elle et sa salutaire influence, que de nier le soleil en plein midi. Elle se distingue de toutes les sectes humaines : 1º par l'unité de son chef, l'unité de sa doctrine, de ses sacrements, de sa constitution et de ses lois ; 2º par la sainteté de sa doctrine, de sa morale, de ses sacrements, qui sont de Jésus-Christ, la sainteté divine même, dans laquelle puisent tous les membres fidèles de l'Église pour devenir des saints ; seule elle peut offrir à tous les hommes l'histoire de la sainteté dans les vertus héroïques d'une multitude de ses saints de tous les temps, de tous les sexes, de tous les âges, de tous les états; 3º par sa catholicité; dans sa première institution, elle composait le genre humain tout entier. Jésus-Christ la rétablit sur lui-même et y appelle toutes les nations; et tous ceux qui y entrent reconnaissent pour unique monarque de l'Église le vicaire de Jésus-Christ, notre saint-père le Pape; tous professent le même symbole de foi, participent à tous les mêmes sacrements, rendent à Dieu le même culte d'adoration et aux saints le même culte d'honneur; tous pratiquent les mêmes commandements de Dieu et de l'Église; et ils font toutes ces choses dans tous les temps et sur tous les points de la terre, avec la seule différence qu'avant la venue de Jésus-Christ il était prophétisé, attendu, désiré, figuré, et que, par sa venue sur la terre, il a apporté la réalité de toutes choses. Il n'en est ainsi d'aucune secte humaine; toutes sont en contradiction les unes contre les autres, et dans la même secte, ceux qui en font partie professent, le plus souvent, les opinions les plus opposées, et n'ont aucun lien d'unité entre eux; 4º enfin, cette Église se distingue de toutes les sectes et sociétés humaines, par son apostolicité, caractère divin qui signifie que les fondateurs et les chefs de cette Église ont été institués et envoyés immédiatement et directement par Dieu lui-même sans aucun intermédiaire humain, et que le Saint-Esprit est toujours présent aux chefs qu'il a ainsi institués et envoyés (Matth., XVIII, 17, 18; XXVIII, 19, 20;

Joan. xiv, 18-21 ; xvi, 13). Ce caractère divin de l'apostolicité qui renferme et produit l'unité, la sainteté et la catholicité, n'appartient qu'à l'Église romaine.

D. Donnez-nous quelques preuves que l'apostolicité n'appartient qu'à la seule Église romaine.

R. Ces preuves sont nombreuses et invincibles, mais on ne peut en donner ici que quelques-unes : d'abord, Jésus-Christ lui-même se dit l'apôtre, l'envoyé de son père céleste, qui habite en lui et il habite dans son père. Dès le commencement de sa prédication, il se choisit des disciples et douze apôtres, pour leur confier son enseignement et sa mission divine. « Comme mon père m'a envoyé, leur dit-il, je vous envoie (Jean. xx, 21), et je serai avec vous jusqu'à la consommation des siècles » (Matth. xxviii, 20). Les apôtres et leurs successeurs, les évêques, forment un corps moral qui sera l'Église enseignante, dépositaire, gardienne et ministre de la doctrine divine, des préceptes et des sacrements divins (Matth. xvi, 16-19 ; xviii, 17, 18 ; xxviii, 19, 20). Jésus-Christ lui-même est la tête, le chef de ce corps qu'il s'est formé et qu'il se forme continuellement en engendrant spirituellement les membres dans le sacrement de l'Ordre.

Cependant il ne devait point demeurer toujours visible sur la terre, c'est pourquoi il établit à sa place un chef, une tête visible du corps des apôtres et des évêques, leurs successeurs, afin de se rendre toujours visible dans la personne de celui qu'il fait son vicaire. Ce vicaire, en effet, n'est point un chef de l'Église, différent de Jésus-Christ, comme si Jésus-Christ était une tête, et son vicaire, le Pape, une autre tête de l'Église et du collége des apôtres ; non, Jésus-Christ et son vicaire sont une seule personne morale, une seule et même tête de l'Église (*Constit. Unam sanctam Bonif. VIII et conc. Lateran. V*). Il est lui-même la pierre fondamentale de cet édifice, et il a fait le prince de ses apôtres et des évêques, Simon, fils de Jona, et en lui tous ses successeurs légitimes, ce qu'il est lui-même, il les a fait une même pierre fondamentale de son Église. C'est à tous et à chacun d'eux, dans la personne de Simon, qu'il dit : « Ce n'est ni la chair, ni le sang qui t'a révélé que je suis le Christ, fils du Dieu vivant, mais c'est mon Père céleste ; » puisque le Père t'a lui-même choisi, moi, je te dis : tu es Pierre, et sur cette pierre je bâtirai mon Église, et les portes de l'enfer ne prévaudront point contre elle. Et je te donnerai les clefs (marque de la puissance souveraine) du royaume des cieux (qui est l'Église), et tout ce que tu lieras sur la terre sera lié dans le ciel, et tout ce que tu délieras sur la terre sera délié dans le ciel. » (Matth. XVI, 18, 19). Voilà tout soumis, tout confié à l'autorité, aux clefs de celui qui est la pierre fondamentale de l'Église. Jésus-Christ et son vicaire sont cette pierre fondamentale unique, et nul ne peut poser un autre fondement, ni enlever celui qui a été ainsi divinement posé, et hors duquel il n'y a point de salut (I Cor. iii, 11, etc.). Par conséquent, toute Église qui n'est pas bâtie sur Pierre, sur sa foi, sa doctrine, ses enseignements, son autorité, n'est pas l'Église de Jésus-Christ, et elle ne saurait lui appartenir; car, c'est à cause de la révélation faite par le Père céleste à Pierre, que Jésus-Christ l'a fait et déclaré pierre fondamentale de son Église. Mais cette Église doit durer jusqu'à la fin des siècles, et Jésus-Christ en sera toujours la tête et le fondement invisibles, et toujours il devra être représenté par son vicaire; celui-ci sera toujours tête et fondement visibles, il sera toujours pierre fondamentale, autrement il n'y aurait plus d'édifice. C'est pourquoi les saints conciles œcuméniques et tous les Pères et Docteurs de l'Église ont entendu ces paroles du Sauveur comme dites de tous les successeurs de Simon-Pierre, et ils les ont interprétées dans ce sens unique. C'est donc la vérité garantie par le Saint-Esprit qui empêche les conciles œcuméniques et l'unanimité de la tradition des Pères et Docteurs de tomber dans l'erreur.

Le Seigneur continue : « Et *je te donnerai* à toi et non à plusieurs autres, à toi seul, *les clefs du royaume des cieux.* Le royaume des cieux c'est l'Église. Le Roi, le monarque de ce royaume est descendu du ciel, il recueille ses sujets sur la terre, et il conduit au ciel ceux qui lui demeurent fidèles. Ce Roi divin porte la clef de David, le signe de la souveraine puissance, sur son épaule. C'est cette clef qui est remise à Pierre et, en lui, à son successeur, le Pontife romain; c'est cette clef qui ouvre et personne ne ferme, qui ferme et personne n'ouvre (Apoc. iii, 7).

Le Sauveur continue : « Tout ce que tu lieras sur la terre sera lié dans les cieux, et tout ce que tu délieras sur la terre sera délié dans les cieux » (Matthieu xvi, 19). Les mêmes pouvoirs de lier et de délier sont plus tard donnés en commun aux autres apôtres unis à Pierre; mais ils sont donnés à Pierre seul le premier et spécialement, afin de montrer son principat plus excellent que tous les autres. Le Seigneur n'a point donné aux autres séparés de Pierre, mais il a donné à Pierre sans les autres le pouvoir de faire des lois, de juger et condamner l'erreur et le péché, de montrer la vérité et d'absoudre du péché et de sa peine, afin que ce que les autres ne pourraient sans lui, lui le pourrait sans les autres en vertu de la plénitude du pouvoir à lui conféré par le Seigneur. Le Seigneur n'a voulu que Pierre seul et dans l'office de son vicaire et pour successeur de son magistère. C'est pourquoi, après l'ascension du Seigneur, Pierre, comme son vicaire, commença à régir l'Église. Ainsi l'ont entendu les saints Pères et leurs conciles, ainsi, par conséquent, l'a interprété le Saint-Esprit.

C'est pourquoi, comme nous le lisons en propres termes au ch. xxii de l'évangile de saint Luc, le divin Sauveur déclare que son vicaire sera, en vertu de sa prière, infaillible dans ses jugements touchant la foi et les choses nécessaires au salut. Il fait de cette infaillibilité le fondement et la loi de l'unité de son Église.

D. Ces textes et leur interprétation par le Saint-Esprit dans la tradition et la pratique de l'Église, sont assurément plus que suffisants pour convaincre tout esprit droit; mais il me semble qu'il y en a d'autres, et je vous serais reconnaissant de nous les expliquer.

R. Il est impossible, dans un si petit écrit, de citer même tous les textes relatifs à l'autorité du vicaire de Jésus-Christ; mais il en est un capital qu'il est nécessaire de vous exposer.

Après sa résurrection, et avant de monter au ciel, Jésus-Christ met la dernière main à la constitution de son Église; en présence de tous ses disciples réunis, il dit à Simon-Pierre : « Simon, fils de Jona, m'aimes-tu plus que ceux-ci ? » — Il le distingue et le sépare des autres disciples, pour bien faire comprendre que c'est à lui seul, à l'exclusion de tous les autres, qu'il va conférer les divins pouvoirs de sa monarchie. — Pierre lui répondit : « Oui, Seigneur, vous savez que je vous aime. » Jésus lui dit : « Pais mes agneaux. » Il lui dit de nouveau : « Simon, fils de Jona, m'aimes-tu ? » Il lui répondit : « Oui, Seigneur, vous savez que je vous aime. » Jésus lui dit : « Pais mes agneaux. » Il lui dit une troisième fois : « Simon, fils de Jona, m'aimes-tu? » Pierre fut contristé qu'il lui eût dit une troisième fois : M'aimes-tu? Et il lui répondit : « Seigneur, vous savez toutes choses; vous savez que je vous aime. » Jésus lui dit : « Pais mes brebis » (Joan. XXI, 15-17).

Comprenons ces divines paroles. Dans le langage de la plus haute antiquité, dans les prophètes et dans tout l'ancien Testament comme dans le nouveau, les rois sont appelés pasteurs des peuples, et gouverner se dit paître les peuples. Jésus-Christ lui-même s'applique toutes les prophéties et se déclare le bon, le vrai pasteur d'Israël, de son Église, de tous les hommes : « Et il n'y aura, dit-il, qu'une bergerie et qu'un pasteur » (Joan. x, 7-16). Le sens est donc bien évident; Jésus disant à Pierre : *Pais mes agneaux, pais mes brebis,* l'institue roi de son royaume, monarque de son Église, pasteur unique de son unique bergerie. Il le fait tout cela avec lui-même. Jésus-Christ est le roi, le monarque, le pasteur, la tête, la pierre fondamentale par nature, par lui-même et perpétuellement : Pierre ou le pape est fait tout cela par la vertu du Christ et l'onction de son Saint-Esprit; et chaque Pierre ou pape n'exerce ces fonctions que temporairement, durant le temps de sa vie. En sorte que Jésus et Pierre, ou Jésus et le pape ne font qu'un seul et même roi, un seul et même monarque, un seul et même pasteur, une seule et même tête, un seul et même fondement de l'unique Église. Les paroles du Sauveur expriment ces vérités : Pais *mes* agneaux, dit-il, et non pas les *tiens*; pais *mes* brebis, et non pas les *tiennes*; et il n'y aura qu'*une* bergerie et *un* pasteur. » Ainsi, par l'assistance du Saint-Esprit, l'a entendu la tradition; ainsi l'a défini l'Église.

Les agneaux du Christ sont tous les hommes, ses brebis sont toutes les nations qu'il faut enseigner (Matth. XXVIII, 18-20), et elles ne feront qu'une seule bergerie sous un seul pasteur. Les agneaux du Sauveur, ses brebis fidèles, sont celles qui entendent sa voix; les agneaux sont tous les chrétiens, les brebis sont leurs évêques. Il les confie tous à Pierre, au pape : *Pais mes agneaux, pais mes brebis.* En sorte que ceux qui ne reconnaissent pas le pape pour leur pasteur, s'excluent par là même des agneaux et des brebis du Sauveur, puisqu'ils n'entendent pas sa voix, qu'ils n'entrent pas dans son unique bergerie, confiée à la garde unique du pape seul. Saint Bernard, en qui parle toute la tradition divine, et après lui saint François de Sales et Bossuet, l'ont ainsi compris et expliqué.

Pierre, et par conséquent le Pontife romain, qui est toujours Pierre, doit donc régir, gouverner, en un mot paître l'Église universelle, aussi bien les pasteurs que les fidèles. Il doit les paître de la science et de la doctrine (Jérémie III, 15); il doit enseigner à toutes les nations tout ce que Jésus-Christ a commandé (Matth. XXVIII).

Après l'ascension du Sauveur, les apôtres prouvèrent, par leur conduite et leurs enseignements, qu'ils reconnaissaient en Pierre le vicaire de leur divin maître, et le mandataire de toute son autorité.

D. Sans doute, il est impossible de nier que Jésus-Christ a confié à son vicaire sur la terre la plénitude de ses pouvoirs, et qu'il a établi Simon-Pierre son premier vicaire. Mais qu'est-ce qui prouve que le Pontife romain, le pape, soit le vrai successeur de Simon-Pierre dans la charge de vicaire du Christ, de pierre fondamentale et de chef suprême de l'Église?

R. Nous en avons les preuves d'abord dans la sainte Écriture, qui nous apprend que saint Pierre a fondé et gouverné l'Église de Rome. Ses épîtres en sont une preuve; l'épître de saint Paul aux Romains dont il proclame la foi comme la règle de la foi de tout l'univers; la seconde épître de saint Jean, écrite à l'Église maîtresse de toutes les autres, jointe au dernier chapitre de son évangile où il rappelle la mort de saint Pierre crucifié à Rome, puis plusieurs textes de son Apocalypse; telles sont les preuves écrites sous la dictée du Saint-Esprit.

Viennent en second lieu les preuves de l'histoire

de l'Église ; en troisième lieu, les monuments de Rome ; en quatrième lieu, la pratique de toutes les Églises recourant à l'Église romaine comme à leur mère, comme à l'Église de Pierre ; en cinquième lieu, le témoignage des saints pères des premiers siècles ; en sixième lieu, l'enseignement, la pratique et les définitions de tous les conciles œcuméniques ; ces voix innombrables proclament que le Pontife romain est le vrai et unique successeur de Pierre, le vrai vicaire de Jésus-Christ, et qu'il possède la plénitude et la principauté de l'apostolat. C'est pourquoi la tradition appelle le pape l'*Apostolique*, et son siége le saint-siége apostolique, parce qu'il est le seul institué par Jésus-Christ, et qu'il a ensuite institué tous les autres siéges, tous les diocèses, tous leurs évêques. Or, si le pape n'était véritablement le vrai vicaire de Jésus-Christ, le successeur de saint Pierre et l'héritier de tous les pouvoirs que lui a conférés le Seigneur, il s'ensuivrait que l'Église catholique serait et aurait été dans la plus grande et la plus lamentable de toutes les erreurs depuis saint Pierre jusqu'à Pie IX ; il s'ensuivrait que le Saint-Esprit n'a point habité en elle, ne l'a point assistée selon les promesses réitérées de Jésus-Christ, et que Jésus-Christ lui-même n'aurait point été tous les jours avec son Église, et qu'il l'aurait trompée. Or, de tels blasphèmes vont directement à la négation de toute Église, de tout ordre surnaturel, à la négation de Dieu. Il est donc tout aussi certain que le pape, l'évêque de Rome, est le successeur de saint Pierre, le vrai vicaire de Jésus-Christ, qu'il est certain que Dieu existe et qu'il veut le salut de tous les hommes, de tous les temps et de tous les lieux.

D. Quelles conclusions tirez-vous de toutes ces vérités si incontestables?

R. C'est à l'Église, ainsi constituée, de Pierre et des apôtres, ou bien du pape et des évêques, que Jésus-Christ a donné tous ses pouvoirs; c'est à elle, et non à une autre, qu'il a promis son Saint-Esprit, qui demeure continuellement avec elle, lui rappelant, lui suggérant tout ce que Jésus-Christ a enseigné, lui en faisant comprendre et pénétrer le sens et toute la vérité (Joan. XIV, 16, 17, 26; XVI, 13); c'est avec cette Église que Jésus-Christ a promis de demeurer tous les jours jusqu'à la consommation des siècles (Matth. XXVIII, 20; Joan. XIV, 18-21).

Bien que les capacités, la science et les vertus soient nécessaires aux évêques, cependant ni le nombre des évêques, ni leurs capacités, ni leur science, ni aucune de leurs qualités humaines, ni même leurs vertus ne font rien à cette institution divine en elle-même. Ce qui la constitue, ce qui est le caractère propre et essentiel de l'Église catholique, c'est de reconnaître pour son chef le pape, qui est l'unique pierre fondamentale posée par Jésus-Christ, et l'unique source de l'apostolicité. Si petit

que soit le nombre des évêques unis et soumis au
pape, ils forment avec lui l'Église enseignante divinement instituée, en laquelle réside un seul Dieu
en trois personnes, le Père, le Fils et le Saint-Esprit
(Joan. xiv, 13). Si petit que soit le nombre des
évêques qui reconnaissent le pape pour leur chef
et la source de leur juridiction, ils sont le corps
épiscopal, successeur du collége des apôtres, et institué par Jésus-Christ dans ce collége. A ce corps
épiscopal, qui a pour chef nécessaire le pape, et à
lui seul, à l'exclusion de toutes les sectes humaines, appartiennent tous les pouvoirs divins, l'assistance perpétuelle de Jésus-Christ et de son Saint-
Esprit.

C'est, en effet, au collége des apôtres que Jésus-
Christ a donné et promis toutes ces choses. Or, les
évêques ne sont successeurs des apôtres que parce
qu'ils reçoivent leur mission du pape et qu'ils lui
demeurent soumis. En effet, nul évêque en parti-
culier, excepté le pape, n'est successeur d'un apôtre. Aucun des apôtres n'a gouverné une Église
particulière; tous ont prêché dans la seule Église
confiée à Pierre par Jésus-Christ, et cette Église
comprend tout l'univers. Car à Pierre seul Jésus-
Christ a donné à paître, à gouverner tous ses
agneaux et toutes ses brebis (Joan. xx, 15-17). De
tous les apôtres, Pierre seul a un successeur parti-
culier, lequel, par l'institution de Jésus-Christ, suc-
cède à sa principauté apostolique, à sa mission de

pierre fondamentale de l'Église, de pasteur universel unique de tout le troupeau du Seigneur. Ce successeur du prince des apôtres est le pape qui, par l'institution divine et par le fait providentiel, possède seul toute l'apostolicité, c'est-à-dire la mission ou juridiction divine immédiate sur tout l'univers; seul il peut la communiquer et la communique aux évêques, d'abord en les associant à une part de sa sollicitude sur toute l'Église, et en second lieu en confiant à chacun d'eux une portion de son troupeau à gouverner sous son autorité.

C'est donc par le pape seul, prince de l'apostolat, que les évêques reçoivent l'apostolicité ou la mission divine, et par conséquent l'assistance de Jésus-Christ et du Saint-Esprit.

Tout évêque séparé du pape, ou en révolte contre lui, n'appartient plus au collége apostolique, n'a plus aucune mission divine, aucune assistance divine pour enseigner.

D. Je comprends maintenant comment les quatre principaux caractères divins de l'unité, de la sainteté, de la catholicité et de l'apostolicité qui renferme et produit les trois autres, rendent l'Église de Jésus-Christ visible et reconnaissable dans la seule Église romaine. Mais comment est-elle perpétuelle ?

R. Cette Église n'est pas d'aujourd'hui. Dans sa constitution actuelle, elle est l'œuvre de Jésus-Christ, qui l'a fondée sur lui-même et sur son vicaire le pape.

Mais en tant que société des hommes avec Dieu, fondée sur la promesse divine du Christ, Sauveur et Rédempteur, elle remonte, par Moïse et Noé, jusqu'à Adam. Cette société divine humaine, qui est l'Église primitive, associée aux anges (Heb. XII, 22, 23) est créée et instituée, dès l'origine du monde, dans le paradis terrestre. Elle était dans les desseins de Dieu avant la création du monde (Ephes. I, 4).

C'est pour l'Église de Jésus-Christ que Dieu a créé ce monde (I Cor. III, 22, 23 ; II Cor. IV, 15). C'est donc une grave erreur de mettre ce monde au-dessus de l'Église, au-dessus de l'homme qui doit former l'Église de la terre et du ciel.

Dieu a, en effet, créé l'homme pour participer à son bonheur divin et éternel. Mais nulle créature n'est capable, par ses seules forces naturelles, de mériter et d'atteindre le bonheur divin ; pour mériter et obtenir un tel bonheur, il faut que toute créature soit aidée par une force divine résidant en elle et coopérant avec elle. Cette force s'appelle la grâce divine ; c'est, en d'autres termes, l'Esprit-Saint habitant dans l'âme, l'illuminant par la foi, l'élevant par l'espérance, la sanctifiant et la vivifiant par la charité, qui est l'amour de Dieu par-dessus toutes choses, et du prochain pour Dieu.

Cette grâce est tout aussi nécessaire aux anges qu'aux hommes.

Mais de plus, pour vivre de la vie de Dieu, pour

participer à son bonheur, il faut le connaître, non-seulement comme Créateur et souverain Maître, connaissance que toute créature intelligente peut acquérir par sa seule raison naturelle; mais il faut connaître Dieu dans sa vraie nature, dans la vie intime et profonde des trois personnes divines, dans leur action. Or, ce sont là des mystères au-dessus de toute intelligence créée. Nulle créature ne peut ni les inventer, ni les trouver, ni les connaître par sa seule raison.

Cependant cette connaissance est la vie éternelle, le bonheur divin même (Évang. S. Joan. XVII, 3).

Il est donc absolument nécessaire que Dieu lui-même révèle ces mystères de sa nature et de sa vie aux créatures qu'il destine à jouir de la félicité divine.

Le sens et la vérité de cette révélation divine, son interprétation doivent être rendus certains à tous par l'assistance perpétuelle de l'infaillibilité divine résidant dans l'Église, puisque c'est à l'Église que la révélation a été faite et qu'elle a été confiée à garder pour tous ses membres.

Le monde donc a été fait pour l'homme, et l'homme a été fait pour glorifier Dieu et participer à son bonheur.

C'est pourquoi Dieu créa l'homme à son image et à sa ressemblance. Il créa le premier homme Adam dans l'état parfait, il l'orna de tous les dons naturels, et il y ajouta tous les dons divins de l'état surnaturel. Il fit avec lui une alliance, une société, en vertu de laquelle Dieu adopta Adam pour son fils; il habita en lui par son Saint-Esprit, et l'orna de tous les dons de la grâce pour qu'il pût mériter la vie éternellement heureuse; de son côté, Adam reconnaissait Dieu pour son père, son roi et son Dieu, auquel il devait rendre adoration et parfaite obéissance. Dieu lui révéla toutes les vérités divines nécessaires à son salut et lui donna la loi de la vie. Ainsi fut créée et instituée la première et la plus nécessaire société, la société par excellence, la société divine humaine, qui pour cela s'appelle l'Église.

Dieu en est le créateur, le fondateur, le monarque, le père. Adam et ses descendants doivent en être les sujets, les citoyens, les enfants adoptifs.

C'est après cette société, en elle et pour elle, que la société conjugale ou la famille fut créée par la formation d'Ève, la première mère du genre humain.

L'Église primitive ne persévéra pas dans la sainteté de son institution. Par la séduction du démon elle refusa l'obéissance à Dieu, et l'alliance fut brisée. Le démon acquit ainsi l'empire sur Adam et sa postérité.

Mais Dieu ne pouvait être vaincu par Satan; par un mystère profond de miséricorde il reforma l'alliance avec les hommes, en révélant et promettant la rédemption par l'incarnation de la seconde personne de la Trinité. Le fils de Dieu s'annonça dès lors comme devant unir la nature humaine à la nature divine dans sa personne, en se faisant homme dans le sein de la Vierge immaculée, qui écraserait avec lui la tête du serpent infernal et détruirait son empire. L'Église du Christ rédempteur va se développer dans la suite des siècles ; Dieu lui choisit pour premier prophète, premier prêtre, lieutenant du Christ promis, le juste Abel. Caïn, son frère, chef de la secte satanique, ayant tué Abel, celui-ci eut pour successeurs Seth, et les patriarches de sa descendance jusqu'à Noé. Le déluge, châtiment de la justice divine, anéantit la secte satanique, et sauva de la corruption le petit noyau pur de l'Église du Christ.

La corruption revenant sur la terre par Cham, fils de Noé, et par ses descendants, Dieu choisit Abraham pour père du peuple élu dont il ferait le centre de son Église. Il constitue ce peuple, centre de l'Église, en nation par le ministère de Moïse.

Il se fait élire roi au Sinaï, et il gouverne cette nation sainte par les pontifes, puis sous leur autorité par les rois depuis Saül et David jusqu'à la captivité de Babylone. Depuis lors jusqu'au Christ roi, elle est gouvernée de nouveau par les seuls pontifes.

Jésus-Christ vient enfin ; il accomplit les prophéties, prêche la doctrine divine, consomme la rédemption du genre humain, en mourant sur la croix. Il ressuscite, établit son Église, lui donne un nouveau sacerdoce dans les apôtres, institue pour tenir sa place jusqu'à la fin des siècles le prince, le monarque, le souverain pontife de l'Église et des apôtres. Le premier vicaire de Jésus-Christ, le premier pape, fut Simon, fils de Jona, que le Sauveur nomma Pierre, le faisant ce qu'il était lui-même, la pierre fondamentale de son royaume, de sa société, qui est son Église.

Il donna tous ses pouvoirs divins et confia toute sa doctrine, ses préceptes et ses sacrements au collége des apôtres, dont il avait fait Pierre le chef nécessaire et le monarque auquel il soumit tous les autres apôtres, et tous ceux qui croiraient en lui par leur parole. Puis il leur ordonne d'aller prêcher la doctrine qu'il leur a apportée du ciel, la loi qu'il a promulguée, et administrer les sacrements qu'il a institués, à toutes les nations. Il met deux conditions nécessaires au salut de tous et de chacun des hommes ; la première : croire et pratiquer sa doctrine ; la seconde : recevoir ses sacrements.

Sur cet ordre divin, les apôtres s'en vont prêcher dans l'univers, et Pierre, leur chef, va, sans aucun doute par l'ordre de Dieu, fixer à Rome le siége de la royauté de Jésus-Christ, de son souverain pontificat, du centre de l'Église de toutes les nations. A dater de ce jour Rome devient la nouvelle Jérusalem, la cité sainte, et le peuple de son territoire est le peuple élu, la nation royale et sacerdotale du Christ, qui en fait son patrimoine divin et indépendant de tous les gouvernements des hommes, afin d'assurer l'indépendance et la liberté de son vicaire dans le gouvernement de l'Église et dans la prédication de la vérité divine et de la justice à toutes les nations.

Depuis lors, les Pontifes romains, héritiers de tous les pouvoirs et de toutes les divines prérogatives de Pierre, n'ont cessé de travailler au salut de tous les peuples par eux-mêmes et par les évêques qu'ils ont envoyés et qu'ils envoient toujours dans tout l'univers. Ainsi les évêques soumis au pape, leur chef nécessaire, et envoyés par lui, forment un corps, l'épiscopat catholique ; cet épiscopat est le successeur et la continuation du collége des apôtres, dans lequel il a été institué par Jésus-Christ, qui a promis d'être avec eux tous les jours jusqu'à la consommation des siècles (Matth. xxviii, 20). Il a de plus promis que son Père et lui leur enverraient le Saint-Esprit qui demeurerait avec eux toujours et continuellement, leur enseignerait toutes choses et leur suggérerait tout ce que lui-même leur avait dit (Joan. xiv, 17 et 26). Cet esprit de vérité leur enseignera toute vérité, leur annoncera ce qui doit arriver et leur expliquera en temps opportun ce qu'ils ne pourraient porter plus tôt (Joan. xvi, 12, 13).

Le pape et les évêques qui reçoivent de lui leur mission, qui lui sont unis par la doctrine de foi et soumis par l'obéissance, en si petit nombre qu'ils soient, voilà la seule véritable Église enseignante fondée et assistée par Jésus-Christ, présidée, dirigée et enseignée par le Saint-Esprit. Dispersés dans l'univers, ils forment l'Église catholique enseignante ; réunis sous la présidence du pape ou de ses légats ils forment le Concile œcuménique ou universel, qui est toujours l'Église catholique enseignante. Et dans tous les cas, lorsque l'enseignement des évêques est confirmé par l'autorité du pape, cet enseignement est véritablement celui de l'Esprit-Saint, selon la promesse infaillible et l'institution divine de Jésus-Christ.

Tous les hommes qui acceptent cet enseignement, le croient comme la parole de Dieu et qui sont baptisés, appartiennent au corps visible de l'Église; ceux qui en font la règle de leurs pensées, de leurs jugements, de leurs opinions, de leurs résolutions et de leurs actions, en un mot, qui le pratiquent dans leur vie jusqu'à la fin, appartiennent non-seulement au corps, mais à l'âme de l'Église, et ils sont en possession de la vérité infaillible et assurés d'arriver au bonheur éternel promis à la seule Église, dont Jésus-Christ est le chef, le roi éternel, et dont son Saint-Esprit, avec toutes ses grâces et ses dons, est l'âme.

Ceux qui se contentent de prononcer de bouche et de sentiment stérile des formules de foi dans leurs prières, sans conformer leur vie, leurs actions à leur foi, qui ne défendent pas cette foi par leurs œuvres, leurs luttes et leurs sacrifices, qui ne font rien pour la propager et faire que le règne de Dieu arrive, ceux-là n'ont qu'une foi morte, ils ne vivent point de la vie de l'Église et par conséquent ils ne participeront point à son bonheur éternel.

Acte de foi des vrais Catholiques.

Mon Dieu, je crois fermement tout ce que vous avez révélé et que l'Église m'ordonne de croire par l'autorité infaillible de notre saint Père le Pape, votre vicaire sur la terre, assisté du Saint-Esprit pour nous enseigner toujours sans crainte d'erreur toutes les vérités que vous avez confiées à votre Église et qu'il faut croire et pratiquer pour être sauvé, parce que c'est vous qui l'avez ainsi révélé et institué et que vous ne pouvez ni vous tromper ni nous tromper.

On trouvera la pleine démonstration de toutes les vérités énoncées ou indiquées en ce petit écrit, dans les ouvrages suivants de Mgr Maupied.

1° L'Église et les lois éternelles des sociétés humaines, 1 vol. in-8° : prix, 6 fr. — 2° Le futur Concile, 1 vol. in-8° : prix, 3 fr. 50. — 3° Devoirs des chrétiens devant l'infaillibilité doctrinale du Pontife romain, prouvée par la pratique et la tradition perpétuelles depuis les temps apostoliques, et définie

par le saint Concile œcuménique du Vatican, etc.,
2 vol. in-8°, qui contiennent tout ce que les
SS. Pères, les Docteurs et les Conciles de tous les
siècles, de l'Église grecque et latine ont écrit, déclaré et défini, touchant l'autorité et les prérogatives divines du Pape : prix des 2 vol. 12 fr. 50 ; du
vol., tout français, seul, 5 fr. — 4° Le triomphe de
l'Église au Concile du Vatican. — Explication dog-
matique, philosophique et historique des décrets du
Concile du Vatican. — Lettres et instructions pasto-
rales de Nos Seigneurs Louis Filippi, évêque
d'Aquila, et Barthélemy d'Avanzio, évêque de
Calvi et Teano, etc., traduites de l'italien, par Mgr
Maupied, 1 vol. in-12 : prix, 3 fr. 50. — Ces divers
ouvrages sont honorés de brefs du souverain Pontife. Voici le bref dont *Le triomphe de l'Église*, etc.,
a été honoré.

A notre vénérable frère Louis, évêque d'Aquila.

Pie ix, Pape.

Vénérable Frère, salut et bénédiction apostolique.

Nous avons vu avec grand plaisir, vénérable
Frère, traduite en français, par le soin de l'émi-
nent prêtre François-Louis-Michel Maupied, l'exposition exacte, claire et savante des constitutions

dogmatiques du Concile œcuménique du Vatican, que vous aviez depuis longtemps données à votre peuple.

Car l'utilité que votre diocèse et les autres diocèses d'Italie auraient pu retirer de leur intelligence vraie et complète, nous nous réjouissons de ce qu'elle puisse maintenant s'étendre bien plus loin, par la langue française si répandue. Et, certainement, à ce plus ample profit ne serviront pas peu, nous le pensons, les charmes de votre travail, lequel, bien qu'il traite seulement les plus graves choses touchant la foi et l'Église, soit par le mode d'exposition, soit par l'espèce des objections, soit par la solidité de la réfutation, invite et force presque tous les lecteurs, non absolument dépourvus de réflexion, à vous suivre jusqu'à la fin de l'ouvrage.

Puisque ce travail doit porter, même à ceux qui réfléchissent le moins, la notion claire et la force des doctrines proposées, il ne pourra manquer d'éclairer les esprits et de les réunir dans un même sentiment et dans une même pensée. Ce fruit, que vous avez certainement le plus désiré, nous le présageons spécialement à votre travail, et cependant, comme augure de la faveur suprême et gage de notre particulière bienveillance, nous accordons très-affectueusement à vous, vénérable Frère, et à tout votre diocèse, la bénédiction apostolique.

Donné à Rome, près Saint-Pierre, le 19 décembre 1872, de notre pontificat l'an vingt-septième.

PIE IX, Pape.

Tous ces ouvrages se trouvent chez l'auteur, à Lamballe (Côtes-du-Nord) et chez Poussielgue, rue Cassette, 27, à Paris, et aux bureaux de l'œuvre de la BIBLIOTHÈQUE DE TOUT LE MONDE, pour la France, à TOURCOING; — pour la Belgique, à MOUSCRON.

Le présent opuscule a pour continuation nécessaire :

1° *La secte antichrétienne, véritable origine et histoire vraie de toutes les sociétés secrètes.*

2° *L'infaillibilité du Pape*, remède à l'ignorance et autres maladies morales des hommes et des nations, et refuge assuré contre les efforts destructeurs de l'enfer et de ses sectes; — par Monseigneur Maupied.

FIN.

BIBLIOTHÈQUE DE TOUT LE MONDE.

Appel. — Qui ne voudra contribuer à répandre dans les familles, soit directement, soit par l'intermédiaire des écoles, des patronages, des cercles catholiques d'ouvriers, etc., ces véritables *petits messagers du bien*, du prix si minime de 5, 10 et 15 centimes ?

Venir ainsi prêter force et appui à une œuvre d'un intérêt à la fois si éminemment religieux, si éminemment moral et social ?

RÉDUCTION SPÉCIALE. — Pour donner plus de rapidité à notre propagande, toute demande *d'un même numéro*, soit *d'un même petit livre*, donnera droit à la réduction, savoir : par 100 exemplaires, de 20 0/0 — par 200 exemplaires, de 30 0/0 et *franco*.

PAYEMENTS. — Pour la simplification de nos écritures, les demandes de 20 francs et au-dessous devront toujours être accompagnées du montant de leur valeur, soit en timbres-poste, soit et de préférence en un mandat sur la poste.

EXPÉDITIONS FRANCO. — Tous nos envois sont expédiés *franco* par la poste, ou jusqu'à la gare ou le bureau de messagerie le plus rapproché. Prière de nous indiquer, dans la demande, cette gare ou ce bureau de messagerie.

EXTRAIT DE NOTRE CATALOGUE.

Le catalogue général sera envoyé à qui nous le demandera.

à 5 centimes.

1 La Journée d'un brave homme.
2 Je ne vois pas grand mal à ça.
3 Ce qu'il faut savoir et croire.
4 Ce qu'il faut faire.

à 10 centimes.

5 La vie de famille.
6 Bon père.
7 Bonne mère.
8 Bon fils.
9 Moyen d'être un homme comme il faut.
10 Ce qu'il faut pour faire une bonne famille.
11 Conseils à l'envers.

12 Le Hic et les Défauts des autres.
13 Manière de s'attraper soi-même.
14 Pensées et Dires de Jacques Bonhomme.
15 Faux Grands hommes.
16 Petites et Grandes Misères de beaucoup de gens.
17 Aux Laboureurs.
18 Mille Misères humaines.
19 Ce qu'on rapporte du cabaret.
20 Objections et Préjugés qui courent les rues.
21 Qu'est-ce qu'un Curé ?
22 La Science et la Religion.
23 Au moins à Pâques humblement.

24 Vieilles Raisons à l'usage de ceux qui n'ont pas raison.
25 J'en sais trop.
26 A tout le moins une fois l'an.
27 Mille choses qui ne se trouvent pas dans les livres.
28 Je n'ai pas le temps.
29 Chacun sa bibliothèque.
30 Simple Exposé de la Religion.
31 Le blasphème.
32 Vendredi chair.
33 L'Eglise de la paroisse.
34 La Divinité de la Religion prouvée par les mauvais journaux.
35 Tout ce qui s'imprime n'est pas mot d'Evangile.
36 La Question romaine mise à la portée de tout le monde.
37 Aujourd'hui on raisonne — *Le Concile général.*
38 Le Bien qui se fait en France.
39 LE DIMANCHE AU PEUPLE.
40 Litanies de Pie IX.

à 15 centimes.

41 Comment on trompe le pauvre monde.
42 La misère mise à la portée de tout le monde.
43 La Charité pour les trépassés.
44 Précis complet de la doctrine chrétienne.
45 Explications familières des cérémonies de la Messe.
46 Vie du R. P. de Ravignan.
47 Le Chemin de la Croix.

à 20 centimes.

48 La Charité mise à la portée de tout le monde.
49 La Divinité de N.-S. J.-C.
50 Histoire des fondateurs du protestantisme, Luther. etc.
51 La Croix et l'Epée à Rome.
52 Le Denier de St-Pierre.
53 **Le rôle de la Presse.**

ouvrage à 60 centimes :

DICTIONNAIRE DES PLANTES MÉDICINALES INDIGÈNES, par le docteur THIERRY DE MAUGRAS, médecin principal dans l'armée. — Avec le nom vulgaire de la plante, puis son nom scientifique, etc., avec leur mode de préparation, et suivi de quelques conseils et règles pour porter les premiers secours. Ouvrage indispensable à toute personne qui veut du bien aux pauvres et aux malades. 160 pages.

Adresser les demandes et les envois à M. AUGUSTIN BOISLEUX, FONDATEUR de la BIBLIOTHÈQUE DE TOUT LE MONDE, à TOURCOING (Nord).

Les souscripteurs de Belgique pourront nous adresser leurs lettres à MOUSCRON, où notre œuvre a également domicile.

Imp. Eugène Brutte et Cie, à Saint-Germain.